CAPITAINE PETRIGNANI

NOTICE

SUR LES

Événements de 1881=1882

DANS LE CHOTT-CHERGUI

> « La guerre dans le Sahara est la chose la plus misérable, la
> « plus pénible, la plus fatigante, la plus énergique, la plus
> « irritante, la plus abrutissante, la plus antipathique au carac-
> « tère et au tempérament français. »   Colonel TRUMELET.

AVEC 4 CROQUIS

BERGER=LEVRAULT & Cie, ÉDITEURS

PARIS	NANCY
RUE DES BEAUX-ARTS, 5--7	RUE DES GLACIS, 18

1909

Prix : 1 fr. 25

CAPITAINE PETRIGNANI

NOTICE

SUR LES

Événements de 1881=1882

DANS LE CHOTT-CHERGUI

« La guerre dans le Sahara est la chose la plus misérable, la
» plus pénible, la plus fatigante, la plus énergique, la plus
« irritante, la plus abrutissante, la plus antipathique au carac-
« tère et au tempérament français. »   Colonel TRUMELET.

AVEC 4 CROQUIS

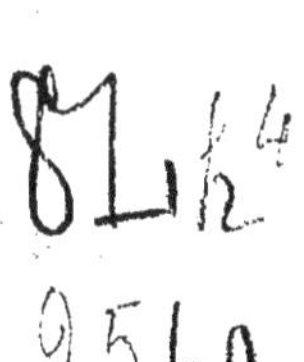

BERGER=LEVRAULT & Cie, ÉDITEURS

PARIS	NANCY
RUE DES BEAUX-ARTS, 5--7	RUE DES GLACIS, 18

1909

NOTICE

SUR LES

ÉVÉNEMENTS DE 1881-1882

DANS LE CHOTT-CHERGUI

AVANT-PROPOS

Au commencement de l'année 1895, le général commandant la division d'Oran donna l'ordre que, dans chaque poste, il y eût une notice des événements militaires dont il avait été le théâtre, ou qui pouvaient s'y rattacher.

Le commandant d'armes du Kreider, qui était en même temps mon chef de corps(¹), me désigna pour établir celle de ce poste afférente à la période de 1881-1882.

Je considérai d'abord ce travail comme un véritable pensum, je m'y intéressai beaucoup ensuite, puis je finis par le faire de mon mieux, par goût.

Arrivé dans le Sud-Oranais, très peu de temps après la fin des hostilités, j'avais entendu parler maintes et maintes fois des opérations dont il s'agit, soit par des officiers, soit par de simples soldats, soit même par des Arabes qui tous y avaient pris part.

(¹) M. le chef de bataillon Huguel, mort colonel du 15ᵉ en 1901.

Mais le moindre reproche que l'on puisse adresser à ce genre de récits, c'est une espèce de confusion générale qui paraît les entacher d'inexactitude.

Je m'estimerais donc heureux si cette double critique pouvait être épargnée à ma notice, et c'est pourquoi je n'ai pas craint de l'élaguer beaucoup, en sacrifiant les détails épisodiques d'importance secondaire.

Tout en faisant appel à mes souvenirs et à ceux de quelques personnes qui avaient suivi les événements de fort près, j'ai consulté avec fruit :

1° *L'Historique de la légion étrangère;*

2° *L'Historique du 2ᵉ tirailleurs;*

3° *L'Historique du 2ᵉ zouaves;*

4° *L'Historique du 1ᵉʳ bataillon d'Afrique;*

5° Un fragment d'un *Journal d'un officier des chasseurs d'Afrique;*

6° *L'Historique du 2ᵉ régiment de spahis.*

Les affaires franco-marocaines dont l'Ouest-Oranais pourrait être le théâtre un jour ou l'autre, à notre corps défendant, sont de nature à donner un regain d'actualité au récit des événements de 1881-1882.

C'est pourquoi je me suis décidé à le publier, sans autre but que de retenir, si peu que ce soit, l'attention sur des opérations de guerre d'un genre spécial et dont nous pourrions avoir quelques enseignements à tirer.

PETRIGNANI.

En 1879, les tribus de l'Aurès s'étaient soulevées contre leurs caïds ; leur prise d'armes, rapidement réprimée, n'eut pas de conséquences dans cette région, mais le contre-coup s'en fit sentir dans le Sud-Oranais où les Ouled-Sidi-Cheikh toujours disposés à entrer en lutte avec nous firent quelques tentatives de révolte. Leurs chefs religieux, peu résignés par tempérament et par intérêt à notre domination, essayèrent de nous créer des embarras et, soutenus par la puissante tribu des Kamyans [1], ils entreprirent quelques incursions au milieu des campements qui nous étaient attachés. Des colonnes mobiles organisées dans nos postes extrêmes rayonnèrent sans cesse pour rassurer le pays ; une, entre autres, celle de Saïda, composée de quelques escadrons de chasseurs d'Afrique éclairés par un goum dévoué, parcourut la région qui environne le Chott-Chergui, fit de nombreuses apparitions au Kreider et put ainsi contrecarrer en temps utile les projets de Si-Sliman-ben-Kaddour, le plus remuant des membres de la famille de Si-Hamza. Les tribus des hauts plateaux reprirent confiance et nous restèrent soumises.

L'année 1880 s'écoula sur le qui-vive ; il ne se produisit aucun événement militaire digne d'être relaté, et les bureaux arabes n'eurent qu'à suivre les agissements de quelques marabouts militants ; plusieurs d'entre eux, payant d'audace, venaient prêcher la guerre sainte jusque sur nos places publiques, les jours de marché ; mais quelques arrestations habilement exécutées rendirent circonspects les plus entreprenants.

Les Ouled-Sidi-Cheikh

A cette époque les personnages les plus marquants des « Ouled-Sidi-Cheikh » avec lesquels nous étions en relations depuis la création du poste de Géryville étaient Si-Sliman-ben-Kaddour et Si-Hamza, l'un fils, l'autre petit-fils du grand Sidi-Hamza, notre khalifat des populations sahariennes dont le commandement s'était étendu de Géryville à Ouargla.

Citons en outre Si-Ed-Din, frère de Si-Kaddour ; c'était une individualité peu marquante qui n'avait à son actif qu'une razzia faite en 1879, de concert avec son neveu Si-Hamza, au sud du ksar de Brézina.

Si-Hamza, alors âgé de vingt ans, était l'héritier légitime de l'influence religieuse de sa famille ; elle s'étendait sur une ving-

---

[1] Voir le croquis de la province d'Oran page 15.

taine de grandes tribus qui, par respect religieux, se soumettaient à tout ce que cette famille exigeait d'elles plutôt que de demander la protection de l'autorité française contre ses abus.

Son oncle Kaddour, auprès duquel vivait le jeune Si-Hamza, était le chef militaire reconnu des Ouled-Sidi-Cheikh; il jouissait d'un grand prestige et d'une autorité supérieure à la sienne. Aussi bien, jaloux de rétablir à son profit la situation princière qui avait été faite à son père, il avait entamé à différentes reprises des négociations avec l'autorité française; ses avances plus habiles que désintéressées n'ayant pas abouti, il ne se crut plus obligé de dissimuler ses sentiments peu sympathiques à notre égard et, en 1878, après quelques froissements dans ses rapports avec les bureaux arabes, il rompit ouvertement et se retira au Maroc sur les instigations de Bou-Amama.

Bou-Amama. — Ce Bou-Amama, c'est-à-dire le « père du turban », surnom autrefois déjà donné à Sidi-Cheikh lui-même, fut l'âme de l'insurrection de 1881.

Né à Figuig vers 1840, de l'un des dix-huit fils de Sidi-Cheikh, il s'était établi à Moghar-Tatani depuis 1875 et y avait fondé une zaouïa (¹). Sa situation d'abord obscure et médiocrement considérée dans l'aristocratie des Ouled-Sidi-Cheikh se transforma peu à peu, grâce à une très grande ferveur à laquelle paraissaient se joindre un désintéressement, un détachement des biens de ce monde assez rares chez les indigènes.

D'autre part, des pratiques de jonglerie et de ventriloquie aidant, le marabout (²) sut étendre sa renommée et, en 1879, l'influence qu'il avait acquise était tellement grande que le bureau arabe de Géryville le surveillait de près et se faisait tenir au courant de tous ses faits et gestes.

Tout en cherchant à fortifier la prépondérance de l'ordre des

---

(¹) La zaouïa est un centre religieux et littéraire, une mosquée, une école, un lieu d'asile, un bureau d'esprit public, une bibliothèque où l'on conserve la tradition écrite des faits passés.

C'est principalement un foyer de propagande religieuse, un vrai « nid de vipères ».

(²) Le mot « marabout » signifie assidu, lié ; de là : homme lié à Dieu. Vulgairement, on donne ce nom à tout individu remarquable par sa piété.

Ouled-Sidi-Cheikh compromise depuis quelque temps par des rivalités, des jalousies et des haines de parti, Bou-Amama ne convoitait rien moins que l'héritage religieux de son fondateur : le pontificat dans le Sahara.

En attendant, son but avoué était plus modeste et ne dépassait pas les limites d'une louable ambition : réunir en un faisceau les nombreuses tribus soumises en principe à l'influence religieuse des Ouled-Sidi-Cheikh et leur inspirer l'amour de la vertu et la pratique des bonnes mœurs. Ses parents, ses initiés, portaient partout la bonne parole ; les visiteurs lui arrivèrent bientôt de toutes parts et, avec eux, le bien-être d'abord, la richesse ensuite.

L'instruction du marabout était des plus modestes ; cependant, son enseignement, ses discours étaient religieusement suivis et écoutés ; ils dénotèrent bientôt chez leur auteur une largeur d'idées, un sens politique et une capacité de raisonnement auxquels nous n'étions pas habitués ; le commandant supérieur du cercle de Géryville([1]) cessa de dédaigner un pareil adversaire et entra en relations officielles avec lui.

Dès lors fut faite la fortune politique de Bou-Amama, et ce personnage, ignoré naguère, acquit une importance qu'il n'aurait dû jamais avoir.

Pendant qu'il cherchait à duper l'autorité française par des protestations de dévouement et de fidélité, ses mokadems ou missionnaires parcouraient activement le pays, particulièrement celui compris entre les Chotts et l'extrême Sud ; ils chantaient les louanges du saint homme, sans oublier de grossir, par des récits exempts de bonne foi, les sujets de mécontentement toujours inévitables entre vainqueurs et vaincus.

Le marabout de Moghar préparait ainsi un soulèvement, une levée de boucliers que nous ne sûmes ni prévenir, ni prendre au sérieux, ni enrayer en temps utile.

Au commencement de l'année 1881, quelques officiers clairvoyants réclamèrent la création d'un poste d'observation à Tiout ; alarmé par les bruits que faisait ce projet dont l'exécution aurait

______

([1]) Commandant Fossoyeux.

gêné son action et ruiné ses intérêts, Bou-Amama jeta le masque et, tandis que le Parlement refusait les crédits nécessaires, il redoublait d'efforts et d'intrigues pour soulever nos tribus fidèles et déterminer leur défection. Ses envoyés se lancèrent dans toutes les directions ; mais leur propagande resta sans effet : nos tribus soumises firent la sourde oreille, et Bou-Amama, plutôt décontenancé que découragé, se retira à Figuig ; il sauvegardait ainsi sa famille et les biens qu'il devait à la générosité des croyants, sans renoncer ni à ses prétentions ni à la lutte.

au moment où il cherchait à remplir sa mission ; cet assassinat mettait le feu aux poudres, et Bou-Amama, quoique surpris en pleins préparatifs de guerre, saisissait l'occasion qui lui était offerte pour entraîner immédiatement, de gré ou de force, à la défection, les tribus encore indécises, telles que les Traffis, les Laghouat du Kzel et les Rezaïna. De leur côté, Si-Kaddour, Si-Ed-Din et Si-Hamza se retiraient au Tafilalet pour se mettre à l'abri d'un coup de main ou d'une trahison toujours possible.

Quelque temps après, Bou-Amama se mettait à la tête des dis-

LE KREIDER AUTREFOIS

(Vue prise du sud)

Tandis que ses émissaires devenaient chaque jour de plus en plus audacieux, ses prosélytes et ses clients de plus en plus nombreux, Bou-Amama travaillait de son côté et réunissait tous ses moyens d'action. Le commandement, ému des proportions que prenaient les menées du marabout, jugea sage de recourir à des mesures coercitives, et, dès les premiers jours d'avril, donnait les ordres et les instructions nécessaires pour l'arrêter avec quelquesuns de ses mokadems.

Commencement de l'insurrection

Le 21 du même mois, le commandant supérieur du cercle de Géryville envoyait le lieutenant Weinbrenner chez les Traffis pour s'y faire livrer l'un de ces mokadems ; ces derniers massacrèrent le jeune officier et la plus grande partie de son escorte,

sidents, au nombre de six mille environ, transportés autant par le fanatisme de leur race que par l'amour des aventures et des razzias. La plupart d'entre eux étaient admirablement montés et bien dressés pour faire à nos colonnes une guerre de chicane, dans laquelle notre infériorité a toujours été manifeste.

A la nouvelle du massacre de la mission Weinbrenner, une expédition fut résolue, et le 24, le général Cérez, qui commandait alors la division d'Oran, envoya à la colonne de Saïda l'ordre de se constituer.

Formation des colonnes ; leurs premiers mouvements

Colonne de Saïda. — Le général Collignon d'Ancy, commandant la subdivision de Mascara, porta sa colonne à Krafalah, puis à Tafaroua, et confia au colonel Innocenti, des chasseurs d'Afrique, le soin de l'organiser, pendant qu'une autre colonne se formait à Daya sous les ordres du colonel de Malaret, de la Légion.

La première comprenait 3 bataillons d'infanterie (zouaves, tirailleurs et légion étrangère), 4 escadrons de cavalerie (chasseurs d'Afrique), 2 sections d'artillerie, les services et les convois nécessaires. Il lui fut en outre attaché 450 cavaliers des goums de Tiaret, de Frendah et de Saïda, avec les aghas Sarhaoui et Kaddour-Ould-Adda à leur tête. Pendant qu'elle se constituait à Tafaroua, où l'on réunissait de grands approvisionnements, cette colonne protégeait de suite la voie ferrée qui allait alors jusqu'à Mosbah et Marhoum, ainsi que les chantiers d'alfa répandus dans la région.

Quelques jours après, elle quittait Tafaroua pour escorter un convoi de ravitaillement destiné aux postes de Sfissifa et de Géryville; le 9 mai, elle arrivait dans cette dernière place où le général Collignon d'Ancy, tombé malade, passa le commandement au colonel Innocenti.

Colonne de Daya. — La colonne de Malaret se forma à Daya et à El-Hamman, du 6 au 22 mai; moins forte que la précédente, elle comprenait 1 bataillon de légion étrangère, les 3e et 5e compagnies du 1er bataillon d'Afrique, 3 escadrons de chasseurs et spahis, 1 section d'artillerie, les services et convois de vivres et de bagages nécessaires, ainsi que 200 cavaliers du goum des Beni-Mattar commandés par leur agha Ghanem.

Dès qu'il reçut son convoi, le colonel de Malaret se mit en route vers le sud, longea l'extrémité ouest du Chott-Chergui et alla occuper un poste d'observation à Aïn-Fékarine, à quelques kilomètres d'El-Biod, où il arrivait le 25 mai.

Colonne Innocenti. — Pendant que la colonne dont nous venons de parler se formait à Daya, la colonne Collignon, devenue colonne Innocenti, quittait Géryville, pleine d'enthousiasme, pour rejoindre Bou-Amama, signalé à cinq jours de marche vers le sud-ouest.

Le 19 mai, elle rencontra le marabout dans le défilé de Chellala, avec des forces imposantes d'infanterie et de cavalerie. En moins

de deux heures, les contingents révoltés, enhardis par leur supé-
riorité numérique, attaquèrent notre colonne, mirent le goum
allié en déroute et jetèrent le plus grand désordre dans notre
convoi que nous perdîmes presque en entier. Fier de son succès,
Bou-Amama, se dérobant à notre poursuite, se retira vers le sud
à travers les montagnes des ksours. Le colonel Innocenti, dont
l'apprentissage dans cette guerre d'insurrection commençait avec
si peu de bonheur, se vit dans l'impossibilité, faute de vivres, de
poursuivre Bou-Amama; le 24 mai, après avoir rétabli l'ordre
dans sa colonne, il se dirigea vers le nord-ouest, à la rencontre
d'un convoi de ravitaillement qu'il espérait trouver du côté de
Méchéria; il rejoignait le 29 mai la colonne de Malaret à Aïn-Fékarine, neuf jours après le malheureux combat de Chellala où il
avait perdu quatre-vingts hommes environ, presque tous des chasseurs d'Afrique, dont un officier massacré avec son peloton.

Après l'affaire de Chellala, l'insurrection prit de grandes proportions; les hésitants, les timides levèrent la tête, et la plus
grande effervescence régna de l'extrême Sud-Oranais aux limites
du Tell.

Cinq colonnes furent formées : à la colonne de Malaret échut le
soin de surveiller la zone comprise entre Bou-Guern et Sfissifa,
dont le Kreider formait le centre; la colonne Innocenti eut pour
mission de rechercher Bou-Amama et de le poursuivre dès qu'elle
aurait pris le contact; elle devait remplir ainsi l'office de rabat-
teur vis-à-vis des autres colonnes formant autour du marabout
un filet continu.

Le général Détrie(¹), accompagné d'un escadron de chasseurs
d'Afrique, arriva à Bir-el-Amra, le 30 mai, pour prendre le commandement des colonnes de Malaret et Innocenti qui devaient
continuer à agir isolément, le général se réservant la direction de
la dernière. Le lendemain, il les fit venir à Bir-el-Amra où il avait
l'intention de leur donner un peu de repos, particulièrement à la
colonne Innocenti, éprouvée par le combat du 19 et les marches
qui l'avaient suivi; le même jour, ayant constaté que l'eau des
puits de Bir-el-Amra aurait fait défaut avant peu, il prit le parti

---

(¹) Le général Détrie commandait alors la subdivision d'Oran.

de conduire ses colonnes au Kreider d'où il pouvait évacuer plus
facilement les blessés et les malades sur Saïda ; le lendemain, on
se mit en route et, dans l'après-midi, on arriva au Kreider, dont
les sources, les nappes d'eau couvertes de verdure réjouirent tout
le monde.

Le général Détrie s'installa avec son escorte dans la petite
redoute des sources ; le camp Innocenti fut dressé au sud-est du
mamelon principal, dans la direction de Bedrous, et le camp de
Malaret au sud-ouest, dans la direction du village de Khelifa.

Le Kreider au début de l'insurrection

Situé à l'entrée du Chott-Chergui, sur le seuil qui le sépare en
deux bassins principaux, le Kreider avait été souvent visité par
les colonnes chargées de réprimer les mouvements insurrection-
nels du Sud-Oranais ; il en avait été le point d'appui et le centre
de ravitaillement ; c'est pourquoi, en 1881, il se trouva tout dé-
signé à l'autorité militaire pour remplir de nouveau ce rôle important. Placé auprès du passage le plus court et le plus facile
pour traverser le chott, il était en outre le meilleur point d'eau
de la région, le plus important et le plus abondant. Comme il
était nécessaire, pour gêner leur marche vers le Tell, d'en inter-
dire l'usage aux dissidents, il fut occupé dès le commencement
de l'insurrection et on y réunit les subsistances, les munitions et
le matériel de toute sorte destinés aux colonnes du Sud.

En 1881, il n'existait au Kreider qu'une petite redoute en terre
de forme carrée, située à une centaine de mètres environ au nord
de la source principale ; des fossés remplis d'eau l'entouraient de
tous côtés et, lorsqu'une colonne y séjournait, elle la faisait occuper par un petit poste chargé de surveiller les sources. C'est à
l'intérieur de cet ouvrage, comme nous l'avons vu plus haut, que
s'installa le général Détrie en arrivant au Kreider, le 1er juin.

Sur le mamelon isolé situé au nord des sources et dont le commandement est de 40 mètres environ, se trouvait un ouvrage rec-
tangulaire avec bastions à moitié ruiné ; ses murs avaient 1m 50 à
l'intérieur et 3 mètres à l'extérieur ; ils étaient en pierres sèches
provenant, semblerait-il, des décombres d'un ancien ksar.

Sur les pentes est de ce mamelon se dressait la kouba que nous y voyons encore aujourd'hui ; elle renfermait les restes de Sidi-Aïssa, marabout des Khalifa.

A 5 kilomètres au nord-ouest du Kreider, le petit ksar de Sidi-Khelifa était habité par des marabouts considérés au début de l'insurrection comme neutres, aussi bien par les Français que par les dissidents ; ils abusèrent de cette situation en fournissant des renseignements aux uns comme aux autres ; mais, quelque temps après, l'autorité militaire, s'étant aperçue que quelques-uns d'entre eux cachaient le produit des vols exercés par nos convoyeurs, fit arrêter les recéleurs et interna la plupart des autres dans les environs de Frendah ; la redoute du Kreider servit de prison aux premiers.

Premier séjour des colonnes mobiles au Kreider

Pendant que ses troupes se remettaient de leurs fatigues, le général Détrie, soucieux de donner à la colonne Innocenti une organisation en rapport avec la mission qu'elle allait avoir à remplir, remplaçait l'escadron de chasseurs d'Afrique maltraité au combat de Chellala, par un escadron de spahis et la renforçait d'une section d'artillerie tirés l'un et l'autre de la colonne de Malaret.

Le 2 juin, les charrettes demandées à la Compagnie franco-algérienne étant arrivées, il fit partir son convoi d'évacuation ; il comprenait cinquante-deux blessés et quelques malades qui allaient prendre le train à Mosbah pour se rendre à l'hôpital de Saïda ; un médecin les accompagnait ainsi qu'un officier par corps autorisé à aller à Saïda pour ravitailler les ordinaires, les popotes, et prendre des effets destinés aux officiers qui avaient perdu les leurs le 19 mai. Il était escorté par l'escadron de chasseurs qui cessait de faire partie de la colonne Innocenti pour aller se refaire à Mascara.

Le 3 juin, le général Détrie dirigeait sur Mosbah, où se formait un convoi de ravitaillement qui lui était destiné, le détachement qui devait l'escorter, composé de trois escadrons de chasseurs d'Afrique. Le lendemain, ayant été informé qu'un parti de dissidents avait l'intention d'attaquer ce convoi, il fit partir un bataillon de la Légion pour en renforcer l'escorte. Enfin, le 5, redoutant une attaque par des forces supérieures, le général envoya au-devant de son convoi parti le matin même de Mosbah toute l'infanterie disponible de la colonne de Malaret, c'est-à-dire deux compagnies du 1er bataillon d'Afrique et deux de la Légion.

Le colonel Innocenti, appelé au commandement par intérim de la subdivision, en remplacement du général Collignon d'Ancy, mis en disponibilité, quitta le Kreider ce jour-là, accompagné par un escadron de chasseurs d'Afrique qui rentrait à Saïda.

Le colonel et le détachement d'infanterie, parti quelques heures avant lui, trouvèrent le convoi à Dayat-el-Kerch pendant qu'il faisait la grand'halte ; il n'avait pas eu à souffrir des attaques annoncées.

Un courrier (1), parvenu au Kreider pendant que le général attendait le convoi de Mosbah, lui apprit que Bou-Amama avait quitté les montagnes des ksour dans lesquelles nous l'avons vu s'enfoncer après l'affaire de Chellala ; après avoir tourné autour de Géryville, dont la petite garnison n'avait presque pu rien tenter contre lui, il s'était hardiment dirigé vers le nord.

Espérant pouvoir le rejoindre, le général Détrie donna des ordres de départ pour le jour même, aussitôt après l'arrivée du convoi ; il comptait porter sa colonne vers l'est afin de donner la main à la colonne Dufilhol en voie de formation à Sfissifa. De son côté, la colonne de Malaret devait partir le lendemain dans la direction de Tismoulin.

Colonne légère du Sud

Au départ du colonel Innocenti, sa colonne passa sous les ordres directs du général Détrie et prit le nom de « colonne légère du Sud » ; elle emprunta les deux compagnies du 1er bataillon d'Afrique et une de la Légion à la colonne de Malaret, qui resta chargée d'assurer tout particulièrement le ravitaillement de la colonne principale.

---

(1) Les cavaliers porteurs de courriers voyageaient généralement la nuit.

Son convoi étant arrivé de Mosbah à une heure trop avancée, le général Détrie remit son départ au lendemain pour Kassi-el-Bebj, direction de Sfissifa.

En quittant le Kreider le lendemain, 6 juin, à 5 heures du ma-

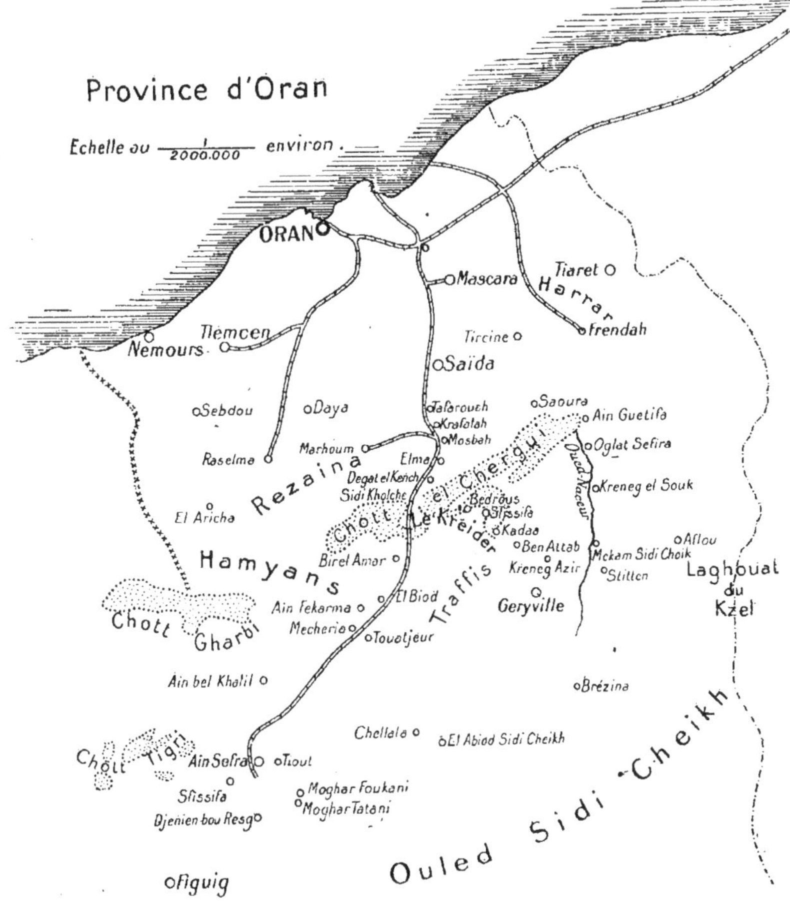

tin, la colonne, marchant dans l'ordre indiqué sur le croquis ci-dessus, fit une grand'halte à Bedrous, dont le camp portait déjà le sobriquet qui rappelle les qualités laxatives de ses eaux; elle arriva au gîte d'étape à 5 heures du soir.

Le lendemain, la colonne se rendait à Ben-Attal et Kadra; pendant la grand'halte, le général apprit que Bou-Amama était au nord de Stitten et qu'il dirigeait sa marche vers Frendah; il prit de suite la résolution de marcher au marabout, en laissant la plus grande partie de son convoi à Kadra.

Dans la soirée même, il demanda de l'artillerie au commandant Dufilhol, qui se trouvait à Sfissifa, et donna les ordres nécessaires pour la formation d'une colonne légère ainsi composée :

Le bataillon Marmet, des zouaves ;

Le bataillon Jacquey, des tirailleurs, sous les ordres du colonel Swiney ;

2 escadrons de cavalerie ;

2 sections de 80 de montagne ;

1 ambulance ;

Un convoi portant huit jours de vivres seulement.

Le commandant Laffon, de la Légion, restait à Kadra avec un bataillon et un escadron de chasseurs pour garder le reste du convoi.

Le 9, départ dans la direction du sud-est pour Kreneg-Azir avec grand'halte à Ben-Attab ([1]).

Le lendemain 10, la colonne se portait carrément vers l'oued Naceur où un parti de dissidents était signalé ; dans la soirée, le commandant Jacquey, s'étant rendu à 7 kilomètres environ du camp, au lieu dit Mekam-Sidi-Cheikh, prit le contact avec les Laghouat du kzel et leur tua une cinquantaine d'hommes.

Ces dissidents étaient venus sur l'oued Naceur avec quelques Traffis dans l'espoir d'y faire leur jonction avec Bou-Amama ; nous verrons plus loin où se trouvait le marabout à ce moment-là.

La nuit étant sur le point d'arriver, le général Détrie fit rentrer au camp le commandant Jacquey, de sorte que l'ennemi ne fut pas inquiété dans sa retraite.

Après cette heureuse affaire, dans laquelle nous n'avions eu que deux blessés, le général Détrie poursuivit sa route vers le nord, dans l'espoir de rejeter les dissidents sur un poste bien

---

([1]) Le nom de Ben-Attab nous rappelle deux souvenirs de nature bien différente : l'un, douloureux, se rapporte à l'affaire du colonel de Colomb, du 16 mars 1866, dans laquelle cet officier supérieur eut 42 tués et 55 blessés ; l'autre, burlesque, se rattache à l'aventure du sous-intendant G..., que les Arabes avaient traité avec le plus grand sans-gêne, le mois d'avril précédent (1881).

gardé pour les prendre en queue et leur infliger un échec
sérieux. C'est ainsi qu'il arrivait le 11 à Kreneg-el-Souk, le 12 à
Oglat-Sefira, le 13 à Saouza et le 14 à Kamiet-el-Bégar, où il
apprenait que Bou-Amama se trouvait à Dayat-el-Kerch, à hauteur de Tim-Brahim.

Ce jour-là, le goum commandé par Sarrahoui avait rencontré
une seconde fois les Laghouat du kzel, et les avait battus et razz-
ziés à fond.

Afin de rejoindre Bou-Amama, le général Détrie dirigea sa
marche, dès le lendemain, vers l'ouest, avec le Kreider comme
objectif; n'ayant pu traverser le chott où il aurait voulu, il dut
en suivre les bords toute la journée, de sorte qu'il coucha à Sedjera; le 16 seulement, il prenait son convoi à Sfissifa et n'arrivait
au Kreider que le 18, trop tard pour barrer la route à Bou-
Amama, à cause du long détour qu'il avait été obligé de faire.

Le marabout avait échappé au colonel de Malaret, trois jours
auparavant, et la colonne Détrie, épuisée par les fatigues d'une
marche ininterrompue de treize jours, se trouva dans l'impossibilité de le poursuivre.

Le général lui accorda donc quelques jours de repos et l'installa non loin des sources; mais, peu de temps après, craignant
une épidémie, il porta son camp à l'ouest du mamelon principal,
sur les premières pentes des berges du chott.

Détachement Laffon

Nous avons vu que le bataillon du commandant Laffon avait
été laissé à Kadra avec un escadron de chasseurs d'Afrique pour
y garder le gros du convoi de la colonne Détrie. Ce détachement
quitta Kadra le 10 pour aller à Kreneg-Azir, à la suite de la
colonne principale; mais il revint sur ses pas le 12, sans aucun
incident, pour attendre des nouvelles.

Le 13, des ordres prescrivant au commandant Laffon de se
porter à la rencontre de son chef étant arrivés, la petite colonne
se mit en route pour Sedjera, par où devait passer le général
Détrie, après avoir contourné le chott. Pendant la grand'halte
qu'elle fit ce jour-là à Sfissifa, elle eut la joie de voir arriver la

colonne Dufilhol (¹) qui avait fait une reconnaissance vers l'est, ainsi que le caïd Sassi des Rezaïna, qui venait d'infliger un petit échec à un parti de dissidents, en leur tuant 7 hommes. Le lendemain, le détachement Laffon revint en arrière et s'installa à Sfissifa pour y attendre le général Détrie ; sa marche avait été excessivement pénible et tout le monde avait eu à souffrir du siroco et de la soif. Quarante-huit heures après, il rentrait dans la colonne qui se trouvait ainsi reconstituée.

Incursion hardie de Bou-Amama

Quelques jours après l'affaire de Chellala, Bou-Amama, dont la victoire avait été célébrée par ses fidèles d'une manière éclatante, conçut le projet de porter la guerre jusque dans le Tell ; il abandonna la région des ksour dans les premiers jours du mois de juin et passa entre Géryville et Stitten, avec l'intention de remonter jusqu'à Frendah. La place de Géryville tira le canon et une des compagnies de la Légion qui y tenaient garnison ayant fait une sortie, le marabout accéléra sa marche vers le nord. Pendant que les colonnes Détrie, Laffon, Dufilhol et de Malaret couraient à sa poursuite avec un zèle digne d'un meilleur succès, Bou-Amama réussissait à leur échapper, traversant ce « cercle de fer » au nord-est de Sfissifa. A Aïn-Guetifa, à l'extrémité du chott, il massacrait un brigadier-télégraphiste avec sa suite, puis poursuivait sa course audacieuse sur Frendah, dont il s'approcha à un jour de marche, jetant la terreur dans la région.

Le 10 juin il tournait vers l'ouest, razziait une partie des Harrars à Tircine, et, le 11, il campait à 30 kilomètres à l'ouest de Tafaroua. Ses hardis cavaliers, qu'il avait partagés en groupes de 50 à 60, battaient le pays de Tafaroua à Kralfalah, saccageant les chantiers d'alfa, tuant les hommes, violant les femmes, maltraitant les enfants, particulièrement dans ceux où se trouvaient des travailleurs espagnols (²).

(¹) Cette colonne comprenait un bataillon du 68ᵉ de ligne arrivé de France depuis peu, deux escadrons de cavalerie et deux sections d'artillerie.

(²) On a supposé, depuis, que ces malheureux avaient été victimes de vengeances personnelles.

Après ce qu'on a appelé les « Massacres de Kralfalah » le marabout se dirigea vers le sud, en passant par El-May, puis, tournant vers l'ouest, il campait le 14 à Dayat-el-Kerch, continuant à dévaster les chantiers qui se trouvaient sur son chemin. Dans la soirée, ses éclaireurs entouraient déjà le Kreider où le colonel de Malaret, arrivé depuis le matin, s'attendait à une attaque prochaine.

Colonne de Malaret

La colonne de Malaret, affaiblie par les emprunts que lui avait faits le général Détrie, ne quittait le Kreider que le 7 juin ; elle laissait un poste d'observation dans la petite redoute et se portait dans la direction de Tismoulin pour agir de concert avec les colonnes Détrie et Dufilhol.

Après être remontée vers le nord, elle se trouvait, le 13, sur les bords du chott, à Menizla, lorsque, à 10 heures du soir, le goum des Beni-Mattar arriva au camp pour apprendre au colonel que Bou-Amama se trouvait à une trentaine de kilomètres au delà du Kreider.

Envoyé en reconnaissance deux jours auparavant, ce goum avait été repoussé par les gens du marabout, particulièrement les Traffis, qui avaient tué un de ses caïds et blessé un autre.

A cette nouvelle, le colonel de Malaret, prêtant à Bou-Amama le projet de se jeter de suite vers le sud en passant par le Kreider, mit aussitôt sa colonne en route et, par une marche de nuit exécutée avec le plus grand entrain par tout le monde, arriva au Kreider le 14 au matin, précédé de ses cavaliers indigènes. Son mouvement rapide n'avait pas été troublé ; mais il avait pu constater que le pays était parcouru en tous sens par les gens d'avant-garde ennemis.

Dans la matinée, vers 10 heures, le lieutenant-colonel Gaillard dirigea une reconnaissance du côté de Khelifa, où, par suite d'un effet de mirage assez commun sur les bords du chott, on avait cru apercevoir un parti de cavaliers ennemis ; la reconnaissance ne rencontra qu'un troupeau de chameaux qui paissaient tranquillement aux environs du ksar.

Dans l'après-midi, l'agha des Beni-Mattar, rentrant d'une tournée qu'il avait faite au nord du Kreider, rendait compte qu'il était suivi de près par quelques cavaliers du marabout ; on redoubla de vigilance et de précautions ; nos avant-postes, de leur côté, signalaient des cavaliers ennemis qui rôdaient autour des sources pour y faire boire leurs chevaux. A partir de ce moment, on alla à l'eau en corvées armées et la journée se passa sans autres incidents.

Affaire de Sidi-Khelifa. — Le lendemain 15, la colonne apprit à 9 heures du matin que Bou-Amama en personne venait de surprendre, à Khelifa, nos cavaliers indigènes au moment où ils enterraient le caïd des Djaffas ; ce caïd, mortellement frappé dans l'affaire du 13, avait été transporté avec les autres blessés dans les gourbis du ksar. Le marabout les avait attaqués sans pouvoir percer leur ligne, puis avait continué son chemin dans la direction de Chaïb.

Au lieu de lever vivement le camp pour se mettre à la poursuite de Bou-Amama, comme tout le monde s'y attendait, le colonel de Malaret fixa le départ à 11 heures seulement, c'est-à-dire deux heures après. La colonne partit à l'heure indiquée, avec tout son convoi, dans la direction de Khelifa ; elle marchait en carré, précédée de sa cavalerie sous les ordres du colonel du 2ᵉ spahis ; le goum, commandé par un officier du bureau arabe de Daya, se tenait à une certaine distance en avant. Malgré un siroco épouvantable qui aveuglait les yeux et bornait excessivement la vue, tout le monde était plein d'ardeur, car l'on sentait arriver enfin le moment d'infliger à Bou-Amama l'échec tant désiré. Dès qu'on fut en vue du ksar, on put distinguer le convoi du marabout ; il marchait vers l'ouest tandis que son arrière-garde quittait le village par petits paquets. Quelques instants après, les éclaireurs de notre goum y entraient et constataient, non sans quelque étonnement, que Bou-Amama avait épargné cet amas de masures et les blessés qu'elles renfermaient pour n'emmener que quelques prisonniers et du bétail.

La colonne traversait le village vers midi et demi et allait camper au pied du mamelon qui le domine à l'ouest. Son chef s'installait sur le sommet de cette hauteur sans songer à une poursuite à laquelle tout le monde s'attendait. L'officier qui commandait l'artillerie prit sur lui de tirer le canon et envoya six salves sur l'arrière-garde, dans laquelle on remarqua quelque désordre ; il avait pris la hausse de 3 000 à 4 000 mètres.

Grâce à la conduite inexplicable du colonel de Malaret, le marabout réussissait non seulement à traverser une deuxième fois le « cercle de fer », mais il poursuivait sa route sans être inquiété. Il traversait le chott par Aïounet-el-Ghoslan et Chaïb, et arrivait le lendemain à Fékarine, où il passait les journées des 16, 17 et 18 ; il se rendit de là à Méchéria, puis à Touatjeur.

A 3 heures, un goum de 800 cavaliers se présentait au colonel et se mettait à sa disposition pour harceler Bou-Amama ; il était

SIDI-KHELIFA

(Vue prise du nord-est)

conduit par six spahis indigènes et un brigadier du bureau arabe de Saïda ; le colonel, n'ayant pas de quoi le faire vivre, le renvoya dans la direction du nord-est.

Le lendemain seulement, le colonel de Malaret, qui avait manqué une excellente occasion pour anéantir Bou-Amama, d'abord en quittant le Kreider deux heures trop tard, ensuite en ne faisant rien pour le poursuivre, se mit à sa recherche dans la direction de Chaïb. En marchant vers l'objectif visé la veille par nos artilleurs, on trouva deux chevaux tués et de nombreuses taches de sang.

A Aïounet-el-Ghoslan, on releva beaucoup de traces du passage du marabout et des indices de la promptitude avec laquelle il avait quitté son camp.

A partir de cette époque, la colonne de Malaret n'eut plus qu'à battre le pays compris entre Ras-el-Ma et Marhoum, avec Ras-el-Ma comme poste d'attache.

Quelques-uns des détachements qui en faisaient partie reçurent d'autres destinations, et, le 3o juin, le lieutenant-colonel Duchesne vint relever de son commandement le colonel de Malaret. Ce dernier, rentré à Bel-Abbès, fut mis en non-activité quelque temps après et remplacé par le jeune et bouillant colonel de Négrier.

Période d'été

Colonne Détrie. — Nous avons dit que le général Détrie était arrivé au Kreider après le passage du marabout à Sidi-Khelifa, avec des troupes incapables de continuer les opérations ; la saison étant, du reste, déjà avancée, sa colonne devint « colonne d'observation », et, comme telle, elle eut à surveiller le pays compris entre Chaïb, Fékarine, Sfissifa et El-May, à se tenir en relations avec les colonnes voisines et à assurer le service des convois de ravitaillement et d'évacuation.

Quelques changements survinrent dans la composition de la colonne ; c'est ainsi que, le 2o juin, deux compagnies de la Légion étrangère se rendirent à Bel-Abbès ; deux autres allèrent renforcer la garnison de Géryville, avec l'escadron de spahis. Une compagnie de tirailleurs quitta également la colonne pour rentrer à Mostaganem après avoir versé ses hommes valides dans les trois autres compagnies dont l'effectif atteignit ainsi 15o. Une nouvelle compagnie venue, du reste, de Zemmorah et Anuni-Moussa, remplaça la compagnie disparue.

Quelques jours après, on envoya à Marhoum, pour y protéger les chantiers d'alfa et la voie ferrée, une des compagnies de zouaves. Le capitaine qui la commandait ayant fait, dans un rapport, l'éloge des eaux de cette localité qu'il comparait avantageusement à celles du Kreider, il fut question pendant quelque temps d'envoyer toute la colonne à Marhoum pour y passer la saison des chaleurs. Sur ces entrefaites, le général Détrie fut appelé à Oran et le commandement passa entre les mains du colonel Swiney, du 2e zouaves ; la colonne prit alors le nom de « colonne du Kreider ».

Colonne d'observation du Kreider. — Le 7 juillet, des patrouilles ayant signalé un parti de dissidents entre Bir-el-Amra et Chaïb, le colonel Swiney partit dans cette direction avec un bataillon de zouaves, une compagnie de tirailleurs, une section d'artillerie et un escadron de chasseurs d'Afrique ; après avoir parcouru le pays où l'on avait vu l'ennemi, il revint sur ses pas et campa à Sidi-Khelifa ; il rentrait au Kreider le lendemain matin, pour partir à midi avec toute sa colonne, qui allait à Sfid prendre ses quartiers d'été. Toutefois, au dernier moment, les chameaux ayant fait défaut, le convoi resta au Kreider sous la garde de trois compagnies de tirailleurs commandées par le chef de bataillon Jacquey.

Combat du 9 juillet. — Le lendemain 9 juillet, vers 8 heures du matin, un parti de cavaliers ennemis, ayant cru le Kreider complètement dégarni, se présenta aux sources pour faire boire ses chevaux ; le petit poste qui y était établi les accueillit à coups de fusil, pendant que les compagnies prenaient les armes et s'établissaient sur les positions les plus favorables pour battre le terrain ; l'ennemi, en se retirant du côté de Sidi-Khelifa, défila sous le feu de quelques sections ; à 10 heures, il avait complètement disparu et tout était rentré dans le calme.

Le même jour, à 2 heures, les rebelles reparurent en grand nombre (300 cavaliers environ et 200 fantassins); ils étaient envoyés par Bou-Amama qui, informé du départ du colonel Swiney, voulait razzier le convoi laissé au Kreider.

L'ennemi débouchait dans la direction de l'est et du sud ; le commandant Jacquey laissa le capitaine d'Eu à la garde du camp (¹) et disposa six sections sur les crêtes et la série des hauteurs qui, s'étendant à l'est du mamelon principal, commandent les sources et les marais dont les dissidents semblaient vouloir s'emparer. Comme ils se présentaient de deux côtés à la fois, notre ligne dut former une espèce d'arc de cercle dont le saillant était tourné vers le nord-est ; la droite était appuyée au mamelon

---

(¹) Le camp était situé à une centaine de mètres au nord du grand mamelon ; il en reste quelques traces encore aujourd'hui.

qui sert de butte de tir aujourd'hui et la gauche était dans la plaine. Deux sections de réserve, placées à peu près à égale distance des deux ailes, étaient prêtes à se porter soit à l'est, soit au sud.

Les sections exécutèrent de suite des feux de salve sur les groupes de cavaliers les plus rapprochés ; ceux-ci défilèrent loin de notre gauche et se portèrent impétueusement sur nos sections de droite qui soutinrent le choc. A ce moment, 200 cavaliers environ, restés inaperçus, se ruèrent sur la section de droite commandée par le sous-lieutenant Djeloul-ben-Abderahim ; elle fut débordée, puis traversée à différentes reprises ; son chef fut tué et les hommes frappés à coups de pistolet et de matraque ; le peloton du centre, sous les ordres du lieutenant Trémoulet, ayant fait, avec à-propos, un changement de direction, exécuta des feux de salve sur ces cavaliers qui, désorganisés par l'impétuosité de la charge et le manque de direction, ne purent plus se reformer et s'enfuirent du côté de Bédrous ainsi que le reste des assaillants.

A 4 heures et demie, tout était terminé ; nous avions un officier et six tirailleurs indigènes tués et un officier français blessé.

Le colonel Swiney étant encore à Hassi-el-Madani, entendit la fusillade ; il revint aussitôt sur ses pas et arriva au moment où les tirailleurs regagnaient le camp.

Le lendemain, après avoir enterré ses morts près de la kouba de Sidi-Aïssa ([1]), la colonne se mit en route pour Sfid, emmenant avec elle tout son convoi ; elle alla s'établir sur la rive droite de l'oued qui porte ce nom, occupant les hauteurs qui commandent le point d'eau le plus important. Quelques jours après, on vit s'élever comme par enchantement une foule de petites constructions destinées à servir d'habitation et dues principalement à l'ingéniosité de nos troupiers, dont les loisirs se trouvèrent ainsi occupés utilement pour tout le monde.

Colonne Duchesne. — L'été venu, la colonne Duchesne, ancienne colonne de Malaret, devint colonne d'observation de

---

[1] La tombe qui renferme les restes de Djeloul-ben-Abderahim est entretenue avec soin par la garnison.

Ras-el-Ma et s'installa à 3 kilomètres de cette localité ; son chef n'eut qu'à assurer ses communications pour rester en relations avec les colonnes et les postes voisins.

Dans ce but, elle vint le 15 juillet à Chaïb, d'où elle envoya son goum au Kreider pour donner la main à la colonne Swiney, dont on ignorait le départ pour Sfid.

Ce goum rentra le 16 et rendit compte que le Kreider était abandonné et qu'un parti de dissidents y avait campé le 14. Ces derniers étaient des Rezaïna que Bou-Amama appelait près de lui dans l'extrême Sud.

Construction des chemins de fer. — La nécessité de prolonger le chemin de fer sur les Hauts Plateaux s'était fait sentir de la manière la plus impérieuse pendant les opérations du printemps ; aussi bien, dès le mois de juillet, on commença les travaux à Mosbach ; ils furent confiés à une compagnie de sapeurs du génie secondée par un millier de terrassiers marocains.

La colonne Swiney, qui se trouvait à Sfid, presque sur les lieux, fut chargée de protéger les ouvriers ; elle détacha à cet effet un bataillon de tirailleurs et les cavaliers français et indigènes nécessaires. Une compagnie campait toujours à l'avancement des travaux, tandis que le reste du détachement restait à une certaine distance en arrière. A chaque campement, on s'abritait dans des redoutes à faible relief dont il existe des traces encore aujourd'hui ; les sacs d'orge, les caisses de biscuit, les tonneaux de lard étaient employés dans une large mesure à organiser ces retranchements improvisés.

Les travaux étaient poussés avec une diligence extraordinaire au point qu'on posait environ un demi-kilomètre de voie par jour, et, le 3 octobre, la première machine arrivait au Kreider.

Opérations de l'hiver et du printemps

Organisation nouvelle. — Dès le retour de la bonne saison, l'autorité militaire, qui avait projeté une série d'opérations et de mouvements suivant un plan raisonné, imprima aux affaires du

Sud-Oranais une direction plus énergique et plus clairvoyante ;
elle augmenta le nombre des colonnes (¹) et leur donna à chacune
une mission particulière concourant au but commun : traquer
les dissidents jusque dans leurs repaires et préserver le « Tell »
de leurs incursions. Les unes, dites « offensives », devaient poursuivre et combattre les rebelles dans le sud ; les autres, dites
d' « observation », devaient surveiller les abords du Tell par un
service d'éclaireurs bien organisé.

Au mois d'octobre, le colonel de Négrier, les généraux Louis et
Colonieu reçurent chacun le commandement d'une colonne offen-
sive, sous la haute direction du général Delebecque, chef de la
division d'Oran.

A la même époque, les colonnes d'observation chargées de
surveiller la région du Chott-Chergui qui nous intéresse tout
particulièrement, occupaient les emplacements suivants :

1° Ras-el-Ma, colonne Duchesne ;
2° Marhoum, une compagnie de zouaves ;
3° Sfid, colonne Swiney, venue du Kreider ;
4° Le Kreider, colonne Jacquey, provenant de la précédente ;
5° Sfissifa, colonne Dufilhol.

Le 10 octobre, la colonne Duchesne envoya à la colonne Colonieu, en formation à Méchéria, un bataillon de Légion et une
section d'artillerie ; ce détachement arriva au Kreider le 14 et
dut y attendre de nouveaux ordres avant de continuer sa route.
Pendant son séjour, il vit arriver successivement un bataillon de
zouaves, un autre bataillon de Légion, quelques sections d'artillerie et un fort détachement du train des équipages.

Toutes ces troupes étaient destinées à escorter les convois que
l'on formait à destination de Méchéria.

Le Kreider offrait alors un spectacle vraiment unique et il y
régnait une animation extraordinaire.

Chaque jour, le chemin de fer apportait des approvisionnements
considérables ; le terrain compris entre les sources et les premières pentes des berges était occupé par les camps français,

---

(¹) A cet effet, on fit venir de la métropole un certain nombre de quatrièmes bataillons.

tandis que, sur les hauteurs, se dressaient en foule les tentes arabes, au milieu desquelles circulaient tranquillement plusieurs milliers de chameaux.

Le 17 octobre, eut lieu le départ du premier convoi pour le poste de Méchéria, en voie de construction ; il comprenait 2 000 chameaux escortés par un bataillon d'infanterie et un peu de cavalerie ; d'autres convois, ayant la même composition, partirent successivement à un jour d'intervalle et rétrogradèrent de même pour repartir les jours suivants ; ce va-et-vient ne cessa que le jour où la place de Méchéria fut largement approvisionnée.

Sur ces entrefaites, une compagnie de tirailleurs ouvrait la piste qui va du Kreider à Bédrous par El-Kassiba, dite aujourd'hui « ancienne route de Géryville ». D'autre part, le détachement chargé de surveiller les ouvriers qui travaillaient à la jetée de Bou-Guetoub, sur laquelle la voie ferrée traverse le chott, construisait à son extrémité sud une redoute en terre, de fort relief, pouvant abriter 200 hommes environ.

Cette redoute, destinée en principe à surveiller le passage du chott, reçut un approvisionnement de cartouches assez important ; elle fut occupée d'une manière permanente, et l'année suivante le 1er bataillon d'Afrique, en arrivant au Kreider, y détacha une compagnie. Cependant la garnison en fut diminuée progressivement et fut retirée tout à fait quatre ans après [1].

Fin de l'insurrection. — Le 17 novembre, eut lieu au Kreider une dernière alerte dans les circonstances suivantes.

Si-Kaddour, fatigué par l'inaction dans laquelle il s'était tenu depuis le commencement de l'insurrection, avait quitté le Tafilalet dans les derniers jours d'octobre ; s'étant avancé audacieusement au milieu de nos colonnes mobiles, il était venu jusque sur les bords du Chott-Chergui, au pied du Djebel-Amrag, pour razzier les Hamyans dont quelques douars y étaient campés.

La compagnie de tirailleurs qui surveillait, à 10 kilomètres de là, les travailleurs du chemin de fer, ne put aller à leur secours ; les fuyards et les blessés étant venus lui demander asile et pro-

---

[1] J'ai été l'un des derniers occupants de ce petit ouvrage, aujourd'hui presque entièrement disparu.

tection, le capitaine qui la commandait informa de suite le commandant Jacquey. Le bataillon du Kreider prit aussitôt les armes et se disposait à marcher, lorsqu'on apprit que l'affaire avait été sans importance et que les rebelles s'étaient retirés à marches forcées vers l'ouest, après avoir perdu une dizaine d'hommes tués. Quelques jours après, les Kamyans ayant manifesté le désir de se rapprocher du Kreider, le général O'Neill, qui commandait alors les troupes stationnées au Kreider, à Sfid et à Marhoum, fit protéger leurs mouvements par quelques reconnaissances, tout spécialement du côté de l'Oued-Falet.

Les opérations combinées de nos colonnes mobiles produisirent les meilleurs effets : Bou-Amama abandonna peu à peu l'extrême Sud-Oranais et se réfugia sur le territoire marocain avec ses clients les plus fidèles. Les colonnes envoyées dans la région des Moghar trouvèrent ces villages presque déserts. Celle qui se rendit à Moghar—Tatani détruisit la maison du marabout (¹) et, quelque temps après, le colonel de Négrier portait un grand coup aux sentiments religieux des Ouled-Sidi-Cheikh, en faisant sauter à El-Abbiod la kouba qui contenait les restes de leur ancêtre vénéré (²).

On chassa successivement des montagnes des Ksour les rebelles qui s'y étaient réfugiés ; puis nos colonnes atteignirent Figuig sans l'attaquer, malgré les dispositions hostiles témoignées par ses habitants.

En parcourant ensuite le pays jusqu'à 150 kilomètres au delà, on atteignit plusieurs fois les contingents de Bou-Amama auxquels des échecs sérieux furent infligés.

Au mois d'avril 1882, la lutte semblait terminée, lorsqu'on apprit le massacre de la mission topographique du capitaine de Castries, dans le Chott-Tigri ; cette affaire isolée, à laquelle prit part Bou-Amama en personne, fut le dernier acte de l'insurrection.

Quelque temps après, la plus grande partie des dissidents

(¹) J'ai eu l'occasion de voir les ruines de cette maison ainsi que la « fontaine de Bou-Amama », que les indigènes montrent volontiers comme une des curiosités du ksar.

(²) L'affaire de la kouba d'El-Abbiod occupa beaucoup l'opinion publique ; la conduite du colonel de Négrier eut autant de partisans que de détracteurs, fut désapprouvée par le gouvernement, et l'édicule fut reconstruit quelque temps après aux frais de l'État.

demandèrent la paix et regagnèrent leurs campements habituels. Si-Kaddour, Si-Ed-Din et Si-Hamza n'eurent bientôt autour d'eux que les révoltés les plus compromis. Quant à Bou-Amama, dont le prestige s'était éclipsé, on apprit qu'il s'était retiré dans un ksar du Gourara, où il fonda une petite zaouïa.

Une année après, Si-Hamza fit sa soumission, suivie de celle de son oncle Si-Kaddour; quant à Si-Ed-Din, quoique ayant adhéré à la soumission de son frère, il resta retiré au sud de Brézina, évitant toute relation avec l'autorité militaire française.

LE KREIDER AUJOURD'HUI

(D'après une photographie de l'auteur)

Pacification du pays. — Création des postes d'observation

Après la retraite de Bou-Amama et la soumission des membres influents des Ouled-Sidi-Cheikh, la tranquillité revint dans le Sud-Oranais. Des relations d'amitié s'établirent bientôt avec eux et l'on put croire à la durée de la paix. Toutefois, on jugea utile de prendre quelques précautions militaires et l'on résolut d'occuper d'avance et d'une manière permanente les principaux points de passage fréquentés par les contingents insurgés.

D'autre part, comme notre ennemi avait été reconnu plus leste que nous, on chercha à compenser cette infériorité en continuant le chemin de fer de pénétration (¹) pour transporter nos colonnes et nos approvisionnements.

(¹) La voie ferrée arriva à Méchéria en janvier 1882. Elle fut construite, entre Méchéria et Aïn-Sefra, pendant l'année 1887. Les travaux de prolongement, jusqu'à Djenien-bou-Rezg, ont été entrepris depuis quelque temps.

On cherchait ainsi à prévenir de nouvelles révoltes ou tout au moins à se mettre en mesure de les réprimer rapidement.

Dans cet ordre d'idées, il fut créé un système de postes défensifs devant servir de points d'appui et de centres de ravitaillement. Les uns, comme le Kreider et Méchéria, devaient tenir les Hauts Plateaux et protéger la voie ferrée ; les autres, comme Aïn-Ben-Khelil, Sfissifa, Aïn-Sefra et plus tard Djenien-bou-Rezg, avaient une double mission : surveiller la frontière marocaine et épier les mouvements des tribus pour s'opposer à leurs migrations.

Dès le mois d'octobre 1881, on se mit à la besogne ; des détachements du génie, secondés par les corps de troupe, élevèrent en très peu de temps les enceintes et les baraquements qui répondaient aux besoins du moment.

Au Kreider, on construisit trois établissements : au sommet du mamelon principal, un ouvrage dit *Redoute Haute,* sur l'emplacement de l'ancien ; à sa base, du côté sud, un camp baraqué ; plus près des sources, contre la voie ferrée, une redoute dont un des bastions fut affecté à la gare. Enfin la principale source fut aménagée et ses eaux, qui se répandaient auparavant un peu partout, furent canalisées de la manière la plus rationnelle.

Des communications optiques ayant été établies d'un poste à un autre, le Kreider se trouva en être le centre et l'on installa les appareils nécessaires dans une tour à trois étages construite à l'un des angles de la *Redoute Haute.*

Cet établissement, véritable petit fort, a été armé de deux pièces de campagne. Aujourd'hui, il renferme en outre la poudrière de la place, des bureaux et quelques logements, entre autres celui du commandant d'armes (¹). Le sommet de la tour, étant donné son fort relief, est devenu une station géodésique de premier ordre, d'où il a été fait ces années-ci des observations de la plus grande importance.

Quelque temps après, le 1ᵉʳ bataillon d'Afrique venait tenir garnison au Kreider et y commençait aussitôt les grands travaux

---

(¹) Depuis quelques années, les officiers de la garnison, lorsqu'ils parlent entre eux de la « Redoute Haute », lui donnent un nom bien moins technique; l'appellation choisie, tirée d'une réminiscence mythologique et géographique à la fois, renferme sans doute une légère pointe de malice, mais tout à fait inoffensive, nous devons nous empresser de le dire:

d'assainissement et d'embellissement qui ont été poursuivis jusqu'à ce jour avec méthode et persévérance.

Les chefs de corps qui s'y sont succédé, admirablement secondés par leurs officiers, ont montré dans cette œuvre aussi modeste qu'utile une louable émulation et ont fait sortir des marais, dont nous avons parlé au commencement de ces notes, le beau jardin et le parc que nous y voyons aujourd'hui.

Les félicitations de nombreux visiteurs, les encouragements officiels ne leur ont pas fait défaut, et c'est non sans quelque orgueil qu'ils peuvent se dire les auteurs de cette petite merveille.

Les terrains recouverts autrefois d'eaux dormantes, de roseaux et de joncs, ont fait place à une véritable oasis qui n'a rien à envier à ses aînées de l'extrême Sud, si ce n'est leurs environs plus pittoresques et le cachet particulier que l'âge leur a donné.

Au Kreider, où il a dû vaincre des difficultés et des embarras de toute sorte, comme ailleurs, le 1er bataillon d'Afrique a toujours été l'un des plus utiles pionniers de la colonisation et pourrait inscrire sur son glorieux drapeau la belle devise latine : *Labor improbus omnia vincit.*

9 782019 932725